AF438271

# QUELQUES OBSERVATIONS

## SUR

# LES ÉLECTIONS.

# QUELQUES OBSERVATIONS

## SUR

# LES ÉLECTIONS.

*Oise.*

## A PARIS,

### DE L'IMPRIMERIE DE RENAUDIERE,

#### RUE DES PROUVAIRES, N°. 16.

### 1817.

# QUELQUES OBSERVATIONS

## SUR

# LES ÉLECTIONS.

*À MM. les Électeurs du département de l'Oise, à Sa Majesté, aux deux Chambres en leur session prochaine.*

SENLIS, 7 septembre 1817.

---

ENSUITE des diverses lois rendues sur l'élection des députés des départemens,

SA MAJESTÉ LOUIS XVIII, par son ordonnance du 20 août 1817 , convoque les colléges électoraux des départemens de la première série, et ceux des départemens dont la représentation est incomplète.

Cette ordonnance , les lois qui l'ont précédée , me semblent donner lieu à quelques observations. Essaierai-je de les offrir à mes concitoyens?

SA MAJESTÉ a proclamé la liberté de la presse. Elle veut que chacun puisse offrir ses sentimens et ses idées ; et dès que le bonheur de notre pays est l'objet de nos vœux , je crois entendre son ordre d'exprimer notre opinion toute-entière.

Loin de moi la crainte d'être de nouveau frappé de toutes les dénominations dont la basse jalousie, le desir de violer des opinions naguère opposées, et l'envie et la haine ont déjà prétendu me couvrir ; ma conscience m'absout.

Que les lois soient strictement obéies pour toutes les observations, dont nous les jugeons susceptibles, être offertes à la raison lente des hommes, sur-tout si elles peuvent concerner la charte constitutionnelle.

## I.

*Sur le titre même de nos éléctions (énoncée art. 25 de la Charte.)*

J'en regrette le titre, le mot de collége. Bonaparte le lui assigna, le prenant d'Italie. Le mot de collége, parmi nous, dit un lieu d'une instruction publique d'écoliers retenus. Le mot collége, en Italie, implique l'idée d'élections mystérieuses. Que nos réunions portent le titre simple d'assemblées d'élections ; nous nous entendrons tous.

J'avais proposé une dénomination plus grande. Il faudrait trop de temps pour la développer. Il y faudrait ajouter une discussion approfondie.

## II.

*Sur la base d'admission prise des contributions, art. 40.*

Sans nul doute, l'intérêt, l'organisation de la société veut que,

« Ne soit revêtu de la plénitude du droit de cité, que l'individu offrant en lui-même une garantie reconnue suffisante de tous les droits que le corps social est tenu de maintenir.

A toute condition morale, joignant la possession d'un revenu net déterminé sur propriété constatée, soit foncière, industrielle ou commerciale. »

Mais je blâme que les contributions, à un taux déterminé, soient prises pour bases d'admission en nos assemblées d'élection.

D'après nos événemens malheureux, elles sont élevées. Elles diminuent d'autant nos revenus réels. Baissantes, nos revenus seront plus élevés; et tandis qu'ils offriront de notre intérêt, de notre moralité une même garantie, en quelque sorte même plus forte, nos droits à l'élection se trouveront cessés, si le taux de notre contribution n'atteint plus la somme voulue, tandis que notre revenu réel même se sera accru de cette diminution.

Ce ne sont point les contributions qu'il faut prendre pour bases, mais plutôt la propre base des contributions, le revenu net, porté à un taux déterminé, constaté, si l'on veut, par la masse des contributions au taux de l'année.

J'avais proposé que le taux du revenu exigé fût taxé, dans les campagnes, à une valeur de deux fois trois cent soixante - cinq journées de travail, et du double et du triple, pour les villes, selon leur population.

(Cette proposition est à débattre.)

## III.

*Sur la nomination du président de l'assemblée,*
*art.* 41.

SA MAJESTÉ nomme les présidens de l'assemblée. En leur absence MM. les préfets y suppléent.

La nomination du président me semble devoir appartenir à l'assemblée. Trop souvent la majorité, le plus grand nombre suit ce qui lui est mis devant les yeux. Le vote n'est plus déterminé par un examen nécessaire.

## I V.

*Sur la nomination de tous les députés au chef-*
*lieu du département.*

Notre dernière loi sur les élections en sup-
prime les différens degrés pour n'en vouloir
qu'un seul. Cette mesure est la plus sage. Elle
est du plus haut intérêt ; elle est conforme aux
besoins de tous. Elle transmet directement le
vote public. Applaudissons à cette détermination
la plus heureuse. Les votes intermédiaires étaient
illusoires.

Mais des inconvéniens graves vont accompa-
gner le mode d'une nomination faite en commun
de tous les députés du département.

Nos chefs-lieux de département ( et notam-
ment Beauvais), sont loin de se trouver au cen-
tre. Souvent ils sont éloignés de dix-huit, vingt
lieues ; ce sera une dépense de s'y rendre, de
s'y maintenir seulement dix jours. Ou trouver
un gîte ? Pour beaucoup, il est long et difficile
d'être dix jours absent de chez soi ; alors beaucoup refuseront de s'y rendre, ou, s'ils y arrivent,

ils ne resteront pas ; ou pour une deuxième fois, il n'y reviendront plus ; tandis que pour ceux dont l'habitation n'est pas distante, le pouvant, sans trop de dérangement, ils se devront d'y paraître chaque jour ; alors le vœu de la loi n'est point rempli ; tous ne viennent pas, ne peuvent venir déposer leurs suffrages.

Je le sais ; je pense que, quand beaucoup d'entre nous plus éloignés ne viendraient pas prendre part à l'élection, nos vœux, nos besoins à tous sont les mêmes ; nous demandons tous l'ordre, l'énergie et la paix sous l'égide des lois. Alors que nos députés soient pris vers le couchant ou vers l'aurore, la masse d'entre nous a les mêmes intérêts. Peu importerait ; ils seraient défendus : les noms des individus ne sont rien ; mais nous n'aurions pas la satisfaction de nous y voir coopérer tous ; et s'il fallait qu'il se rencontrât parmi nous, avec les mêmes désirs d'un bien-être général, une grande différence dans les idées sur les moyens de l'obtenir, il arriverait que des idées partielles plus excitées, et peut-être ayant trouvé moyen de se coaliser, l'emporterait sur la volonté de la masse, qui n'aurait pu se manifester faute d'être réunie.

Dans l'ordre actuel des choses ; j'apercevrais deux moyens pour notre département d'y parer.

Art. 36. ( Chaque département aura le même nombre de députés. )

J'aurais desiré qu'il nous fût accordé un député de plus, et qu'alors chacun de nos arrondissemens de Beauvais, de Clermont, de Compiègne et de Senlis, eût séparément nommé directement son député, et (j'ajouterais) son suppléant, n'étant point à la charge publique, je pense que cette mesure, qui pourrait s'étendre à tous les départemens, serait accueillie de tous ; elle n'apporterait aucun inconvénient, nous serions plus directement et plus personnellement représentés. Chacun de nous connaîtrait personnellement celui à qui seraient confiés ses intérêts les plus chers, la fortune et la gloire publique, et ce surcroît de membres à la chambre des députés, entourés, je dirais d'un intérêt plus direct, serait loin, je crois, de nuire à ses travaux.

Ou bien, tandis que sous les rapports de l'administration, j'estime qu'il est à désirer que les arrondissemens soient d'une faible étendue, afin que nos recours de tous les jours à l'administration centrale soient le moins onéreux et les plus faciles, j'aurais proposé, pour satisfaire seulement à ce nombre de trois députés fixé, et pour parvenir à cette seule nomination, le brisement d'un de nos arrondissemens pour être réunis à deux autres; et d'après notre position locale, offrant à tous nos concitoyens l'exemple d'un sacrifice, que l'intérêt général seul peut et doit commander,

J'eusse proposé la jonction de notre arrondissement aux deux arrondissemens de Clermont et de Compiégne, laissant à chaque électeur la faculté de déclarer celui auquel il choisirait se rendre; alors notre département, séparé pour ainsi dire en trois bandes, aurait, en trois parties distinctes, nommé directement ses trois députés, et chaque électeur aurait eu plus de facilité pour se rendre au chef-lieu de son élection.

La seule crainte que la masse ne puisse se réunir au chef-lieu du département m'a suggéré ces idées, tandis qu'il serait à désirer, sans doute, que la masse elle-même prononçât à la fois. Tout vote opposé à l'intérêt général serait plus sûrement écarté; mais si, convoquée, la masse ne peut être entière, l'intérêt particulier peut prévaloir.

---

## V.

### *Sur le serment.*

Par son ordonnance, art. 11, Sᴀ Mᴀᴊᴇsᴛᴇ́ prescrit à chaque électeur le serment dont la teneur suit :

« Je jure fidélité au Roi, obéissance à la charte » constitutionnelle et aux lois du royaume. »

Je ne craindrai pas de dire que je regrette l'ordre de ce serment.

D'abord un serment n'est obligatoire qu'autant qu'il est volontaire, et ici il est prescrit.

Il n'était pas commandé par la charte.

Beaucoup de personnes en diverses circonstances jusqu'à présent en ont fait de négatifs, ou se sont abstenues de voter; mais généralement tant de sermens depuis la révolution, et en sens inverses ont été prêtés! auxquels la majorité s'estelle refusée? Quelle valeur y était attachée! Ils étaient forcés.

Tandis que, si nous ne reconnaissons pas la religion du serment, nous sommes démoralisés.

Nos assemblées n'ont trait qu'à l'élection. La loi même nous y défend toute observation, toute discussion qui y seraient étrangères, et presque même celles qui seraient relatives.

La loi veut qu'y soit appelé tous Français, offrant en lui-même une garantie reconnue suffisante de tous les droits que le corps social est appelé à maintenir, joignant à une moralité suffisamment constatée la possession d'une propriété d'un revenu déterminé, afin qu'il n'ait point à se méprendre sur ses véritables intérêts ; afin qu'il veuille que la moralité, que la propriété soient reconnues sacrées, et qu'il choisisse en son ame et conscience les députés qu'il estimera le plus en état de connaître et de prononcer sur les intérêts vrais de la patrie.

Voilà sa seule mission. J'eusse donc été d'avis qu'il ne fût pas prêté de serment ; ou, si l'on persistait dans cette idée, j'aurais voulu qu'il n'eût trait qu'au devoir que l'électeur a à remplir ; et

si l'on veut enfin aller plus loin, le généralisant
absolument : jurer obéissance aux lois, et dé-
vouement et fidélité à la patrie. Sa Majesté étant
bien évidemment dans la patrie; et ce serment
nous ralliant tous, étant, en définitif, le résumé
de tous ceux que l'on peut exiger.

J'aurais voulu que, par des inscriptions posées
sur les murs dans l'intérieur de la salle, il fût dit:

« ÉLECTEURS,

» Ici voyez et Dieu et la Patrie.

» Votre intérêt, celui de l'état, demandent
» l'élection de députés ayant à répondre sur
» toute question qui peut se présenter d'inté-
» rêt public.

» A la probité la plus sévère, qu'ils joignent
» un sens droit, des lumières, l'habitude de
» réfléchir; qu'ils sachent écouter !

» Non prompts à se décider, qu'aucune consi-
» dération étrangère au bien général ne puisse
» influer sur eux.

» Que l'appât d'aucune place, d'aucun hon-

» 'neur, d'aucune faveur, d'aucune richesse ne
» puisse les séduire, les corrompre.

   » Electeur,

   » Persévère dans la nomination qui t'est de-
» mandée.

   » De ton choix dépend ton sort, celui de ta
» famille, la gloire de l'état.

   » Toi-même ne te laisses entraîner dans au-
» cune faction, dans aucune brigue.

   » Assure-toi par par toi-même et par les gens
» bons, que tu peux connaître, des candidats
» dont les noms te sont présentés.

   » Ne crains pas de nommer celui que ton
» cœur approuve ; que celui, qui contrôle ton
» billet, n'influe point sur toi.

   » Suis ta conscience.

   » Nomme seulement celui que tu juges sage
» et dévoué aux intérêts de la Patrie. »

Je termine ici mes observations, sans les dis-
cuter ; mes concitoyens, je craindrais d'abuser
de vos momens.

Heureux celui qui peut offrir une idée qui serait jugée utile à la patrie.

Nous allons nous réunir ! nous saurons nous dire :

Que ce qui convient personnellement à un de nous, convient à tous ;

Et que ce qui convient réellement et généralement à la France, convient de même à tous les peuples de la terre.

MES CONCITOYENS,

Recevez l'hommage de mon amour et de mon respect public,

L. H. C. DE PASQUIER, comte de Franclieu, ancien capitaine de dragons.

Senlis ( dép. de l'Oise. )

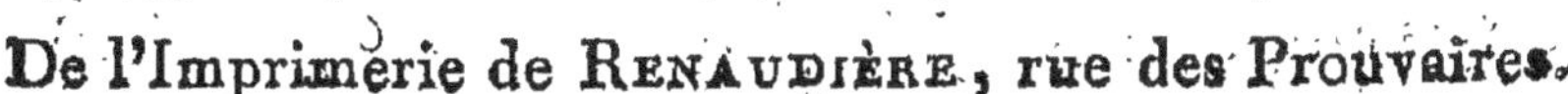

De l'Imprimerie de RENAUDIÈRE, rue des Prouvaires.